What's Inside a
Hospital?

¿Qué hay dentro de un
hospital?

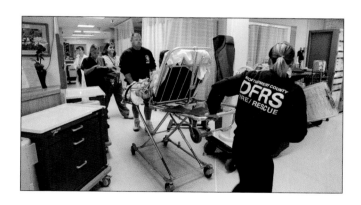

Sharon Gordon

Marshall Cavendish
Benchmark
New York

Inside an Hospital

Dentro de un hospital

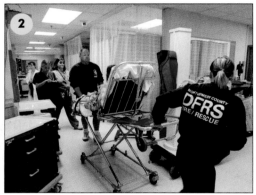

1 admisión
   camilla pala

2 sala de emergencias
   collarines

3 intensive care unit, ICU
   unidad de cuidados intensivos

4 kitchen
   cocina

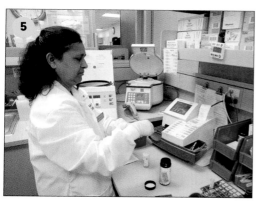

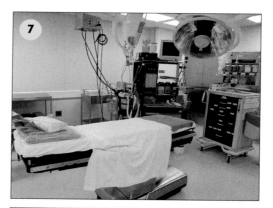

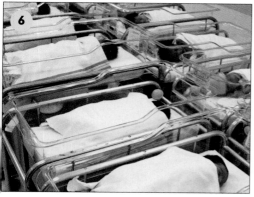

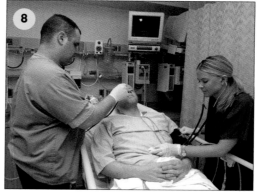

5 lab
   laboratorio

6 nursery
   sala de recién nacidos

7 operating room, OR
   quirófano

8 patient
   paciente

Have you ever been to the hospital? There is so much going on!

———————◆———————

¿Has estado en el hospital alguna vez? ¡Allí suceden muchas cosas!

There are many different *units*, or rooms, inside a hospital.

This is *admitting*. It is where patients check in. Someone who is treated at a hospital is called a *patient*.

Hay diferentes *unidades*, o salas, dentro de un hospital.

Esta es la *admisión* donde los pacientes se registran. La persona en tratamiento médico en un hospital se llama *paciente*.

Hospital workers get information from the patient. They put it into the computer.

The new patient gets a bracelet with his name on it. Now other workers will know who he is.

---◆---

Los empleados del hospital le piden información al paciente que registran en la computadora.

El nuevo paciente recibe un brazalete con su nombre. Ahora otros empleados sabrán quién es él.

9

The *emergency room*, or ER, is a very busy place. The ambulance brings in people who are suddenly sick or hurt. The doctors and nurses work together to help them.

❖

La *sala de emergencias* (ER, en inglés) es un sitio muy activo. La ambulancia trae a los enfermos o heridos de urgencia. Los doctores y las enfermeras trabajan juntos para ayudarlos.

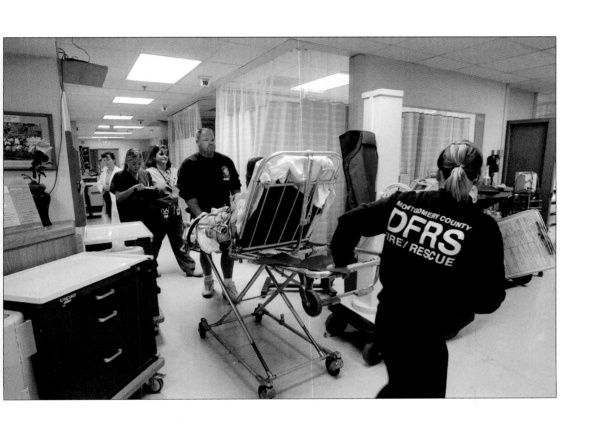

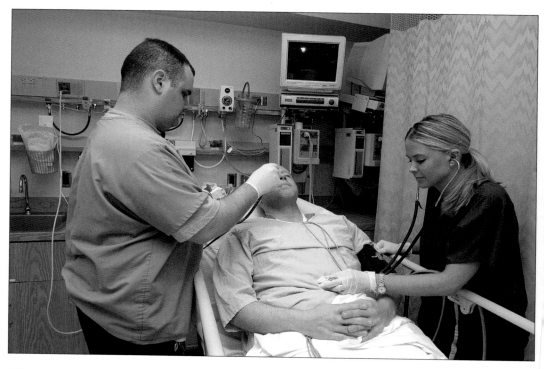

They take blood. They order tests. They take pictures called X rays.

❖

Toman muestras de sangre para analizar. Toman fotografías llamadas rayos X.

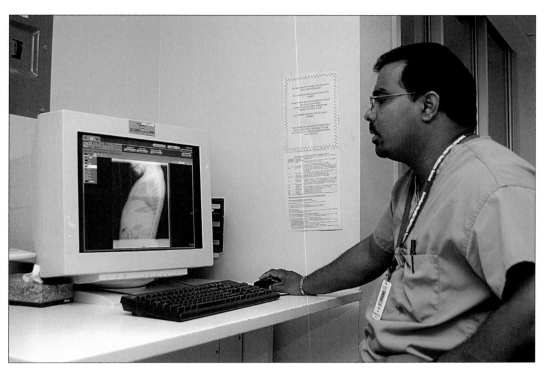

X rays show what is happening inside the body.

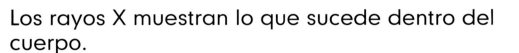

Los rayos X muestran lo que sucede dentro del cuerpo.

14

The tests are sent to the *lab*. Workers try to find the problem.

Some patients can get medicine and go home. Others must stay in the hospital.

Las muestras se mandan al *laboratorio*. Los empleados tratan de encontrar el problema.

Algunos pacientes pueden recibir medicinas e irse a casa. Otros deben quedarse en el hospital.

Some patients may need an operation. They go to the *operating room*, or OR. It is a very clean place.

———————————❖———————————

Algunos pacientes pueden necesitar una operación. Ellos van al *quirófano* (OR, en inglés), que es un sitio muy limpio.

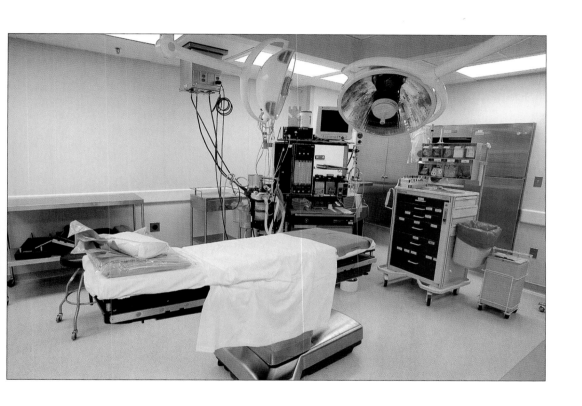

17

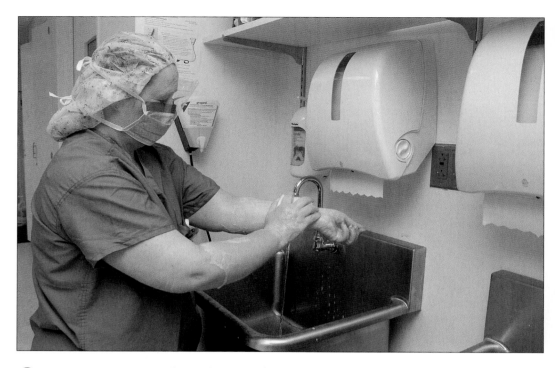

Germs can make the patient sick. Doctors and nurses scrub their hands before an operation.

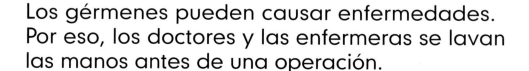

Los gérmenes pueden causar enfermedades. Por eso, los doctores y las enfermeras se lavan las manos antes de una operación.

18

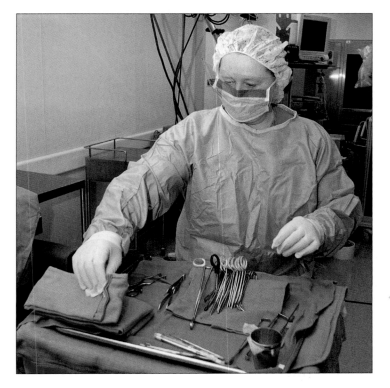

They wear masks and gloves. Their tools are kept in *sterile*, or clean, trays.

Se ponen máscaras y guantes, y los instrumentos se mantienen en bandejas *estériles* o limpias.

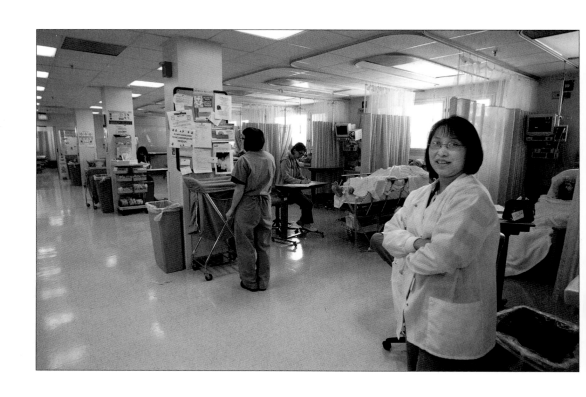

After an operation, patients rest quietly in the *recovery room*.

They may be moved to the ICU, or *intensive care unit*. Patients here are very sick.

Después de una operación, los pacientes descansan con tranquilidad en la *sala de recuperación*.

Es posible que los trasladen a la *unidad de cuidados intensivos* (ICU, en inglés). Estos pacientes están muy graves.

Some patients are connected to machines that help them breathe. Others receive special medicine.

Patients who get better will leave the ICU.

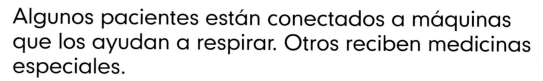

Algunos pacientes están conectados a máquinas que los ayudan a respirar. Otros reciben medicinas especiales.

Los pacientes que se mejoran dejan la ICU.

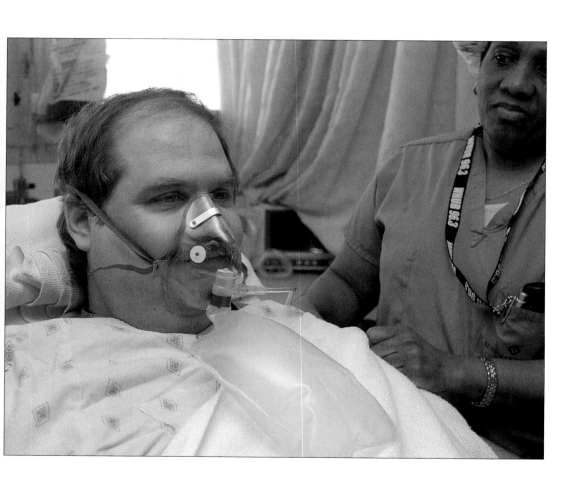

23

Workers in the kitchen make meals for the patients. They deliver the meals on carts.

Dirty clothing, sheets, and towels go to the laundry room. They are cleaned and folded.

Los empleados en la cocina preparan comida para los pacientes. Ellos entregan la comida en carritos.

La ropa sucia, sábanas y toallas van a la lavandería, donde las lavan y las doblan.

Some rooms inside the hospital are just for children. Special doctors and nurses take care of them. Parents can stay in these rooms overnight.

❖

Algunos cuartos dentro del hospital son sólo para niños. Doctores y enfermeras especializados los cuidan. Los padres pueden quedarse en estos cuartos por la noche.

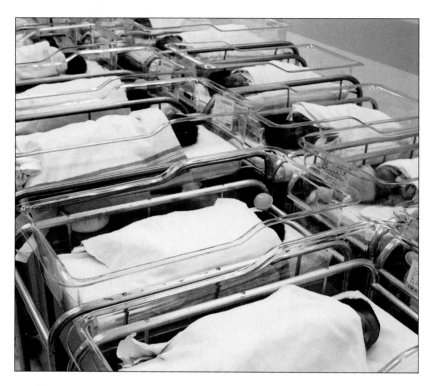

Even newborn babies stay in a room inside the hospital. It is called the *nursery*.

❖

Hasta los recién nacidos se quedan en un cuarto del hospital llamado *sala de recién nacidos*.

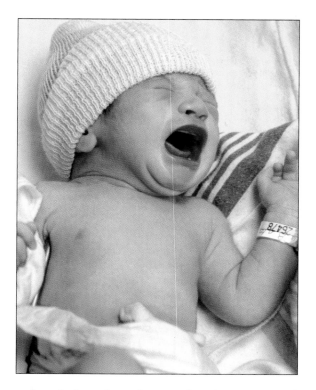

Many rooms inside the hospital are quiet. But the nursery can get very loud!

❖

Muchos cuartos dentro del hospital son tranquilos. ¡Pero la sala de recién nacidos puede ser muy ruidosa!

29

Challenge Words

admitting An area of the hospital where patients check in.

emergency room, ER A hospital room where sick and injured people go in an emergency.

intensive care unit, ICU An area of the hospital where very sick patients are treated.

lab Short for laboratory. A place where patients' tests are reviewed.

operating room, OR A hospital room where doctors perform operations.

nursery A hospital room for newborn babies.

patient Someone who is treated at a hospital.

recovery room A hospital room where patients rest after an operation.

sterile Very clean; free of germs.

unit A group of rooms in a hospital.

Palabras avanzadas

admisión Un área del hospital donde los pacientes se registran.

estéril Muy limpio, sin gérmenes.

laboratorio Un sitio donde se examinan las muestras que se sacan de los pacientes.

paciente Una persona bajo tratamiento médico en un hospital.

quirófano (OR, en inglés) Una sala del hospital donde los doctores operan a los pacientes.

sala de emergencias (ER, en inglés) Un cuarto del hospital para los enfermos y heridos de emergencia.

sala de recién nacidos Un cuarto del hospital para bebés.

sala de recuperación Un cuarto del hospital donde los pacientes descansan después de una operación.

unidad de cuidados intensivos (ICU, en inglés) Una sala del hospital donde se trata a los pacientes muy graves.

unidad Un grupo de cuartos en un hospital.

Index

Índice

With thanks to Nanci Vargus, Ed.D.
and Beth Walker Gambro, reading consultants

ACKNOWLEDGMENTS
With thanks to the staff of Suburban Hospital, Bethesda, Maryland

Marshall Cavendish Benchmark
99 White Plains Road
Tarrytown, New York 10591-9001
www.marshallcavendish.us

Library of Congress Cataloging-in-Publication Data

Gordon, Sharon.
[What's inside a hospital? Spanish & English]
What's inside a hospital? = ¿Qué hay dentro de un hospital? / Sharon Gordon. — Bilingual ed.
p. cm. — (Bookworms. What's inside? = ¿Qué hay dentro?)
ISBN-13: 978-0-7614-2474-1 (bilingual edition)
ISBN-10: 0-7614-2474-1 (bilingual edition)
ISBN-13: 978-0-7614-2394-2 (Spanish edition)
ISBN-10: 0-7614-1564-5 (English edition)
1. Hospitals—Juvenile literature. I. Title.

RA963.5.G6718 2007
362.11—dc22
2006018914

Spanish Translation and Text Composition by Victory Productions, Inc.
www.victoryprd.com

Photo Research by Anne Burns Images

Cover Photo by Jay Mallin

The photographs in this book are used with permission and through the courtesy of:
Jay Mallin: pp. 1, 2, 3, (top) (bottom right), 5, 6, 9, 11, 12, 13, 14, 17, 18, 19, 20, 23, 24.
Corbis: p. 27 Ken Glaser; pp. 3 (bottom left), 28 E. R. Productions; p. 29 Lester Lefkowitz.

Series design by Becky Terhune

Printed in Malaysia
1 3 5 6 4 2